그 쓸쓸한 저녁 아래서

정 태 중 시집

시와사람

정태중 시집

그 쓸쓸한 저녁 아래서

2022년 3월 5일 인쇄
2022년 3월 10일 발행

지은이 | 정 태 중
펴낸이 | 강 경 호
인쇄 · 기획 | 도서출판 시와사람
등 록 | 1994년 6월 10일 제 05-01-0155호
주 소 | 광주시 동구 양림로119번길 21-1(학동)
전 화 | (062)224-5319
팩 스 | (062)225-5319
E-mail | jcapoet@hanmail.net

ISBN 978-89-5665-625-0 03810

값 10,000원

그 쓸쓸한 저녁 아래서

시인의 말

어쩌면 우물 안 개구리일지도 모른다

내 시어의 둠벙에서 오랫동안 적토 되어 있던 부유물을 꺼내어
한 번쯤은 정화의 양동이에 담고 싶었다

저녁은 늘 쓸쓸하여 배고픔이기도 하였다

풍경 안으로 나를 펼쳐 놓으면 아무것도 아닌 한 장의 컷트 된
정물일 뿐 어둠 속으로 사라지는 공허의 여백 같은

그것은 인간으로서의 삶이 자연의 일부이기에 그리 유별나지 않게
한 생을 갈마들고 싶음이었다.

차례

1부

2부

3부

4부

1부

숨

여린 나무에도 노랗게 물이 오른다

어머니의 숨 같아서
마른 나무에 수유하는 산의 목이 아프다

봄은 생명이어서
생강꽃 피우기도 한다

가지들은 저마다 노란색 꽃을 달고
지난겨울의 각질 벗으며
휘어진 허리, 비탈에 맡겨두고
하늘의 높이를 꿈꾸어 본다

꽃들의 곤한 잠이 별을 내려놓은 듯
노랗게 똥을 누고 있는 듯

수유를 시작하는 무렵에게로
신성한 숨의 밤을 보내오기 시작하였다.

조계사 국화꽃과 국화빵과 커피

온화한 자비 곁으로 국화꽃 피고
고행의 고픔 곁으로 국화빵 피고
룸비니 검붉은 콩도 환하게 피고

그러고 보면
이름 가진 것들 모두 다 해탈입니다
꽃이 피는 이유를 묻지 않겠습니다.

질경이

마땅한 이름을 불러올 수 없었다

잃어버린 기억 속으로 발끝 채는 추억 하나
그 푸른 이파리가 겨울을 맞이하고 있을 때였다

보낸 시간은 질긴 뿌리였을 것 같았다
끊어낼 수 없는 인연이란 것이 촘촘히 박혀 있는
말하자면 깊은 밤
시리게 반짝이는 별 무리를 닮기도 한

넘어져 본 유년의 첫사랑은 안다
슬픈 소리들 가을 끝자락으로 사위는 것과
가져올 수 없었던 몇 개의 별이
어느 새벽으로 몰래 떨어져 폭설에 갇혀 사라진 일

후로,
새순처럼 일어선 추억의 잎들 겨울 숲에 잠시 눈처럼 와
그 이파리에 맑은 수정으로 어린 이름 있었다

마땅한 이름을 불러올 수 없어서

유성의 끝을 매만져 보면
요동치는 것을 어둠에 놓고 간 떨림의 자국 있었다.

길가에선 코스모스가 흔들렸다

정류장이었다

버스가 오는 동안
놓쳐버린 시간은 30분이라 하였다

하늘은 폭폭 하고
고추 달린 잠자리가 유난히 붉기도 하였다

하늘에도 편지처럼 구름 하나 펼쳐는 있고
얼룩 아래로 멀어진 비행기는
거미줄 하얗게 남겨 놓았다
30년쯤은 넘도록 나도 흔들렸다.

입춘

발끝에는
병아리 부리 같은 저것들
땅에 올라 공중부양을 하는데

나는
차마 발걸음
내딛지 못하였다

묵언수행 중임을 방해하는 것만 같아서.

사과꽃 가슴에 피고

가슴에 사과꽃 피었는지
온통 환해

저 흰 꽃 보면
깊은 곳에서부터 심장이 떨려 오고

한 소절 말씀도 외우지 못하는데
아담과 이브가 생각나고 그래

가끔은 말이야
어릴 적 감꽃도 생각나고
감나무 아래 떨린 마음으로
어떤 소녀를 마음에 품은 적 있었는데

언덕배기 지나갈 때면
멀리서 그 모습 바라보곤 하였는데
손 한번 잡지 못하고
애꿎은 감꽃만 만지작거리다가
돌아서 오곤 했어

오늘도 상상을 해
사과꽃 만발한 동산과
감꽃 떨어지던 동구 밖을

오월 초순 여름 같은 날씨에
가슴이 불을 일으키고는 그래

이팝나무가 몸도 풀지 않았는데
그 소녀 그림자 뒤로 자꾸만 따라가는
발소리를 내어 보다가

자꾸만 감꽃 만지던 손이
사과꽃 가슴에 얹히는데
노을은 왜 자꾸만 붉게 타오르고는 그래.

우산

펼친 날들이
접은 날들을 맞이하는
비 갠 날에는
한 마리 나비들만 같겠습니다.

상강

향림사* 벽 오르는 담쟁이
손금 깊어져 아플 텐데
차마 속엣말 다하지 못 했으리

형형 색들 입산하는 뒷모습
차마 눈물 아니 흘렸다고
말하지 못했으리.

*부천 원미구 소재 사찰

커피를 마시는 여자

애기똥풀을 좋아한다는 여자
블랙커피를 마시는 모습을 생각하다가
피식 웃음이 나온다

그러고 보니 항상 웃는 모습이
애기똥풀을 마음에 심어 두었을까 짐작하다가
하고 많은 풀 중에 별스럽다고 해주었는데

검색을 해보았다
양귀비과. 쌍떡잎. 두해살이 풀.

노랑으로 앙증맞게 핀 꽃이란 것 외에
별반 특별한 무엇도 없었다

쓰디쓴 커피를 마시면서도 웃고
애기똥풀을 좋아한다며 웃는
자꾸만 웃는 모습이 떠올라
애기똥풀이 내 몸에 뿌리를 내리는 것 같았다
애기똥풀, 애기똥풀
한참을 내려가보니 꽃말이 포근하다

커피를 마시면서도 웃는 모습
커피를 좋아하는 이유가

어떤 하나쯤의 깊은 사연을
커피에 타서 마시는 것일지도 모를 일 같았다.

연

대장경을 새기는 목수가 있었다

겨울 하늘이었다

아득한 한 점의 비구승이 풀어내는 독경소리가 들려왔다

천길 허공에 홀로 피운 꽃이었다.

광대나물 꽃

누가 그러더라 봄엔 물푸레 가지 흔들거리면
떠난 기억들이 다시 돌아온다고

그러게 말이야
광대나물꽃에 날아든 벌이며 나비며
저들의 날갯짓 조곤히 바라다보면
한평생 광대로 산 내 모습 같아야

그런데 말이야
그리운 봄은 그리움에 갇혀
다시 오지 않아야

누가 그러더라 봄엔 물푸레 가지 흔들거리면
떠난 기억들이 봄비되어 찾아온다고.

대숲 2

엊저녁
울던 바람
누구의 탄식인가

삼경 달
슬피 우니
강물도 구슬퍼라

은빛에
찔린 바람을
태화강은 아노니.

나무의 말

나무가 말을 걸어왔다
어둑한 길에 외롭게 서 있는
무표정한 가로등의 불빛 앞에서
도심의 바람을 앞세워 말을 건다

기쁨인지, 슬픔인지 모를 떨림을
에둘러 뱉고 다시 침묵하는
나무의 심장에 조곤히 귀 기울여
바람의 낮은 울림을 들었다

"어디야", "뭐해", "나 마음이 아파"라며
처진 가지로 등을 밀치는데
저만치서 친구가 얼굴에 흠뻑 바람을 묻히고
걸어오고 있다

그도 곁에 와서
곧 내 등을 밀칠 것만 같다.

들국화 한 송이 피워 주었다

시집 잘 갔다고 고향 갈 적마다 침 마르게 자랑하더니만 소식 끊긴 지 오래 되었다 향나무는 마른 이끼 두텁게 입고 어매들 하나둘 할매 되고 새 떼 없는 가실 끝낸 들녘같이 휑한 가시네 손등 다녀간 적 있었다 열아홉 살 적 양복 입은 사내랑 팔짱 끼고 와 궁둥이 씰룩대며 엷은 미소만 남기고는 갔던 뒤에서 였다 그때 그 뒷모습은 차마 봄꽃이었다 듣자니 오늘같이 볕 좋은 날 들국화처럼 피었다가 몇 해 전 진한 향기 따라 자유로워졌다고 들렸다 들국화 한 송이 "잘 살아라" 못 해준 말 대신 살짜기 혼자서 피워 주었다.

구절초

풀 무성한 폐가에
분홍 꽃잎이 피어 있다

나이테 마른 마루에
옹이 박혀 있고

꽃잎들도 바람의 외출 길에서
사람의 소리 들었을 테고

이슬 품은 가을 햇살에
젖은 얼굴 말려주었을 텐데

낡은 사진 속 얼굴
꽃이 되지 못하고

구구절절한 속내
넉넉한 날

시렁*에 걸어 둔 몸빼
거기 구시렁구시렁 피어있는 꽃.

검은 나무

검은 나무들은
잎 지고 난 몸뚱아리에
검은 옷을 껴입고 겨울을 난다

버스정류장 지날 때 서툰 말로
안녕하세요
주머니에 손을 집어넣고 웃는
맞은편 회사 다니는 네팔 청년의 인사를
나도 주머니 속 동전을 만지작거리는
자세로 받는다
반쯤 삐딱하게 한쪽 손을 집어넣고 인사하는 폼이
썩 마음에 들지 않는다
포화 같은 경적을 울리며 한 척의 버스가 닿았다

한참 뒤의 소문으로
그를 알았다
일 잘하고 성실했다는 네팔 청년은
손가락 두 개 그리운 고향으로 먼저 보내고
주머니에 손 찔러 넣은 모습으로
공항으로 떠나갔다고

내 주머니 속 동전에 새겨진 영웅처럼 일러주었다
내용은 잘 모르겠지만
그의 잃어버린 손가락이 건너편 회사의
누란을 구한 공적이 적지 않았던가 보았다

사무실에 앉아 밖을 보다가
어색한 인사 건네던
선한 눈빛 하나 갑자기 떠올랐다
검은빛 몸통들의 겨울나무들 가지 사이로.

저녁의 레아

몽마르뜨 호프집 술잔으로
입술 옮겨 놓으면 푸른 밀 향기 난다

저녁의 쪽문으로 여름이 오고
낡은 선풍기를 관통한 바람
외벽에 그려 넣은 언덕의 풍차에게로
밀려가기도 한다

숙성된 밀어가 익기도 하고
북어의 살점 북적거리는 탁자 위
초롱한 눈빛들은 라이팅게일이거나
채수 마른 성녀 마리이거나
몽마르뜨 호프집 벽시계는
주말의 경계를 째깍거리며
그녀들의 입술을 훔쳐보기도 하고

하이네켄과 하이네의 밀담이
목마른 언덕 펼쳐 보이기도 하는데
불빛이 끌고 간 차들의 거리
베로니카의 시간이 깊게 스며들면

성녀 레아는 밀의 성전을 찾기도 한다

레아, 몽마르뜨 호프집 술잔을 휘젓고
시시한 밀담 흘려진 외벽 언덕으로 서면
나이팅게일이거나 성녀 마리아이거나
가녀린 목에 십자별이 반짝이기도 하였는데

보라 원피스 뒤태는 휘청거렸는데.

빌어먹을

물을 주었단 말이지
하필 그 자리 쇠비름 자랐단 말이지
무담시 뜨신 물을 맞아버린
쇠비름만 곤욕을 치르고 있었단 말이지

마이크가 성을 내는 허공으로
빼꾸기들만 둥지를 튼 것 같은 비릿한 소리 말고
빤빤한 말들 말고
세금이나 제대로 부려주면 좋긴 하겠는데

과림 저수지 쪽으로
솟대 같이 불뚝 선 광고판에는 로고 에이치만
드높았던 것인데
자세히 보니 엘에이치라나 뭐라나

개불알 풀로도 불리는 봄까치꽃 곁에
씨부랄 쇠부랄 쇠비름들만
오줌 세례를 받았단 말이지
빌어먹을.

꽃으로 온 당신

뚝, 떨어지고 만 꽃잎을 생각한다

멀리 날아 간 앨버트로스는
닿지 않을 것 같이 닿을 던
땅 끝 마을 앞까지 당도하면
거기 깃털 하나 떨어뜨린 흔적 같이
마음이 돌연 아련해진다
새는 죽었다
빛바랜 구름들을 모아
흰 울타리라고 이름 지어주기로 한다

당신의 이름에게도
흰 울타리 꽃으로 부르기로 하자

떠나는 바람의 길목 속으로 저무는 미소,
내 마음의 귀환으로 소환된 흰 울타리 꽃을
바라보고 있었다.

2부

적설

종래에는 쌓이고 마는

쌓인 만큼의 두께를 보노라면
나도 내려놓아야 할 생각들의 부피가 커지고

한 줌의 눈뭉치를 뭉치다가
꾹꾹 눌러 보다가
등짝에 문신처럼 새겨지는 단어 하나

"적설"

뉴스에서나 가끔 듣던 설악산 대청봉 날씨같이
풍경의 그림자를 새겨주던 그 말

한사코 그 말속으로
나뭇가지는 툭툭 부러지는 소리까지를
내 보이는데

한 사람
그립다는 말이 푹푹 쏟아지는 날.

처음

오랫동안 살처럼 기거했다가 떨어진 살붙이 딸이 세종 대왕님을 봉투 안에 모시고 와서는 설날 아침에 꺼내 보라고 내밀었다

연애시절에 맛보았던 떨리는 가슴을 맛보았다.

마주치다

담벼락 덩굴장미 가시 아래
궁둥이 둘 붙어서
목 빼고 할딱거리다가
붉은 혀 넌출 거리고는
저만치 내뺐다

대낮으로도
건너편 모텔 네온 불은 출렁였는데

달아나면서
침방울 흘리던
그것들의 혀들 같았다.

주름

바람에 맞설 수 없었다
굽은 등을 보이고 말았다
새벽으로는 저놈도 단단한 칼끝 들이밀고
푸석한 세월을 겨누고는 있었다.

소래라는 포구처럼

그저 그런 날
어선 한 척은 목도리 같은 깃발 날리며
뱃고동도 없이 포구로 들어오고
만선이 아니라는 짐작은
밀물에 기댄 노을이 아직 이르다는 것

어둠이 새로운 낯이기도 한 포구의 지명은
강남구 아닌 남동구 논현동 그 속내 걸어보면
어시장 골목 귀퉁이 좌판에 누운 가자미가
속 비워 염풍(鹽風)에 몸 말리기도 하고

어느 용왕이 썼을 왕관, 수궁의 빼곡한 이름들이
줄지어 형장의 불을 켜는데
갇힌 눈빛들은
바다로부터 유배를 와 수족관을 머리에 쓰고

바닥에 엎드려 눈치를 살피는 넙치와
뾰족한 촉수를 세우고 경계하는 삼세기와
고단한 칼질의 등 굽은 할머니와

날씨는 추운, 그저 그런 날

골 깊은 너와 나의 얼굴과
젖은 생애가
긴 어둠으로 스며들고 있는.

활성탄

세월을 굽기라도 하는지
접힌 허리를 부여잡고
입 벌려 쭈그리고 있는 깡통
캄보디아 숯들의 검은 몸통들이
얼굴을 밀어 넣고
부탄을 만난다
주름진 얼굴들 모여 앉아
환하게 술잔 기울이고 있을 때
묵묵히 소명 다한 모습 보이며
달구어진 깡통 속으로 사라지면
저녁의 별들도 흰 이 들춰 환하게
활성 된 풍경 속으로 내려앉았다.

운명

한쪽으로만 치우친 바람에
어깨를 내어주다가 꺾이고만
늙은 팽나무는 말이 없다

화난 사내들의 거친 말이 오가며 연신 태워내는
담배 불똥이 튀거나
꽁초가 짓이겨지는 동안과
폐부 깊숙이 박힌 원한 같은 가래침을 내뱉는 동안

휜 등처럼 굴곡진 뿌리 마디는 사내들 발길질에
반질반질해지고 사나운 말의 어금니에 패이기도 하였다

속 비워낸 몸통 안에는 세월 거슬러 몰아닥친
바람의 울음소리가 세를 들었다

서 있는 그 자세가
그의 일이다.

중환자실

은 동전 하나
병원 복도에서 구르다가 환자복 입고
병상에 누웠다

어느 주머니에서 떨어졌는지
어쩌다 구급차에 실려 왔는지 모를

온기 사라진 동전,
동전에 묻은 때를 닦아 간이침대에 올려놓고
얇은 이불로 100이라는 숫자의 반을 덮고는
창을 열어 주섬주섬 밤공기를 마시다가
주머니 속 동전을 꺼내 보는데
온기 가득한 동전에선 학이 날아올라
열어 둔 창으로 꼬리 길게 끌고 날아간다
은빛 날개를 펄럭이다가
5는 떨구고 00만 날아갔다

반평생이라는 흔적 하얀 이불에 남겨 두고.

장밋빛 스카프

철 지난 장미 송이 바람에 휘날리고
꽃잎 몇 개 차창을 지나가면
내가 왜 이러는지 떠난 향기를 불러본다

오지 않는다는 것을 알면서도
정류장 벤치에 앉은 여자가 휘날린 스카프 보며
깃털 같은 세월 지우지 못하고서
빛나버린 눈가로 흐르는 옛일

이 계절쯤엔
비가 내리고 음악이 흐르는 찻집이 그립다

창밖으로 어둠이 조금 와 주고
빗물이 흘러서 그려주는 여자의 뒷모습에
내가 왜 이럴까를 읊조리며
가슴 에이게 긁어보는 엘피 트랙을 돌고 싶다.

우체국 앞에서

중절모를 쓴 노인이
신포사거리 귀퉁이에 앉아 있다

아흔이 넘었으리라는 짐작을
손에 쥔 부채의 태극 문양과
개항과 동족 전쟁을 말 하는데서
확인할 수 있었다
무너진 마음 위에 녹슨 훈장 같은 거 하나
매달고 살아온 이들 같았다

조금 있으면 들어서야 할 목적지의 생각으로
횡설수설하는 노인의 말이 불어터진 면발 같았는데
붙이지 못했다는 편지 이야기에 그만 가슴에 금이 갔다
지금은 어디에도 없는 주소에 봉인된 시간이
쓰러진 신전의 기둥들처럼 떠올랐다

고향으로 한 통의 편지를 부쳐야겠다는 생각으로
걸음이 멈추어 졌다

중동 우체국 앞에서

주머니 속 어디쯤에 잠든
볼펜 한 자루를 주섬주섬 찾아 보았다.

용대리에서

자작나무 숲에선 명태가 살아요
물기 남아 있는 바다는 출렁여요
숲이 물들면 명태는 카멜레온을 닮아요
눈물 마르는 동안 바다는 잊어요
시베리아는 멀리 있고
낙엽이 가는 길에 바람은 차요

꿈들이 일렁이던 파도는 산을 덮고
바다는 침묵해요
얼어붙은 날들 오가고
기억은 사라지고
세상은 창백해요

봄이 오고 비가 내리면
자작자작 숲이 자라요

그곳에는 다시 명태가 살고
꽃이 피어나요
가슴에 묻어 놓은 아픈 참꽃도 피어나요

호흡

철 늦은 국화 송이 계단 위로 나열되고
명복을 빌며 들어서는 몇몇의 위로는
상주의 어깨를 지나
겨울바람 속으로 눈물을 발라내기도 하였다

몇 시간의 기도와 침묵을 태운 자리엔
재가 돼버린 마음들이 죄가 되었다
한 줌 환한 뼈의 슬픔으로 남겨진 말 지우고
눈보라 같은 슬픔이 걸음들을 얼어 부쳤다

바다는 고요하고 힘 잃은 고기떼 마냥
튀어 오를 수 없는 침묵에 갇혔다

손목에 낀 시계의 태엽이 멈춰버린 날이었다.

박대

싸리나무 울타리 걸려
꾸덕꾸덕 말라가던 이야기 들은 적 있다
가자미 같기도 하였으나 볼품없이 두리뭉실
몸을 말리는 동안
바다에서 왔을 것이라고 생각해 주는 이도 없었다

그가 지녔던 바다는
몇 줌의 짠 흔적으로만 남았는데
특징의 부재는 무명이었으므로
박대는 박대에 다름 아니었다

경비실의 수위가 여느 때는 상전이어서
쪽문 틈 빼꼼이 보이는 제복에 위축되고
어느 아파트 벽은 교도소보다 높아
알 수 없는 위축 곁으로
마음 베이기도 하였다

이리도 좋은 가을볕 데려온 바람은
높은 벽을 넘지 못하고 짠물 흥건히
문전 박대만 긴 담벼락에 널어놓고

꾸덕꾸덕 마를 날만 기다리고 있었으므로
나도 그런 적 있었다

바다의 바닥

물 빠진 제부도에 갈 때였다
죄 많은 나에게로 기적은 있을까
예견된 시간에 굴복하고 바다의 바닥을
발바닥으로 걷기로 하였다

바닥끼리 아팠다
검은 돌들의 젖은 무덤이 있고
질긴 사연들이 덕지덕지 붙어서
가슴으로 차올랐기 때문과

바닥의 호수는 깊었다
걸을수록 빠져드는 바닥으로
발바닥은 물컹한 것들을 밟아서
가슴까지 차오른 근심 있기 때문과

수 킬로도 아닌 거리가 생사의 길 같아
소금꽃 날리는 기적의 한복판에서
눈물을 흘려보기로 하였다

저쪽까지 얼마 남지 않은 거리

비릿한 생의 경계가 무릎까지 차올라
뾰족한 것과 부딪히던 시간
바다의 바닥에 기대어

어느 사연들도 때문의 회한에 젖어 있을까
생각해 보는.

가장

오래된 설움에 이끼가 피었다

심학산 약천사 동강 난 기와
어느 세월의 흔적이었을까

호젓한 바람 날개 어르는데
온화한 좌불 앞 합장한 손

야윈 손보며
승냥이 같은 이름들 불러 보았다

못 가장자리 수련 곱게 넘어졌던 마음에도
한 폭 꽃잎 들었다.

대숲 1

선바위 돌아간 미르 물결
용암정 미륵의 맑은 눈빛
흘러든 바람 청명하다

마디마다 공이니
해탈이다

한날은 스님
한날은 선비

강바람에 날려가는
부질없는 영화

언제 태화강 대숲길
걸어 보아라.

겨울 가로수

헐벗은 가로수를 본다

그도 다 떨구어 낸 몸 가려운지
가끔 잔가지 흔들며
비듬 같은 각질 바람에 헹구는데
정렬된 간격은 호퍼*의 슬픔 같다

슬프기로 말하자면
갓 옮겨온 가로수 지지대로 쓰인
사목에 비교할까마는
살아있어도 죽음 같은 도심의 가로수가
휑한 마음에 뿌리를 내린다

만약의 일인데
늦가을 무렵 화려한 도시를 떠나
그들만이 사는 세상으로 옮겨졌더라면
겨울바람에도 잎 내어 주지 않는
얽히고설킨 잡목처럼 살아 갔을까

유난히 추운 날

산에 나무 여럿 서로 부둥켜안거나 얽히어서
마른 잎들 바싹바싹 등 긁어 주는데

홀로 등 가려우면
거기로 가서 겨울나무가 될 수 있을까

*에드워드 호퍼. 슬픔을 그리는 화가지만 슬픈 그림 속에 따뜻함이 있다

서시보다는 서시 풍으로

죽는 날까지
하늘을 우러러 한 점 부끄럼 없기는커녕
미친놈이 있어 주었다

잎새에 이는 바람에 괴로운 것은
보해 미안 양조장이 여전히 잎새주를
생산하고 있었기 때문이다

미장 김 씨가 술을 마시는 것은
죽어가는 것들을
사랑하기 싫어서 였을 것 같았다

별은 별별 소문으로 깜빡여주었으나
투박한 막걸리를 컬컬 들이켜며
웃고 울었던 한 소절의 트림 같았다

오늘 밤에도 별이 바람에 스치운다
라는 시구 앞에서

김 씨의 젖은 눈 속에 사는 비틀거리는
미친놈을 떨쳐내고 싶었다.

선인장을 신고 걸었던

음지의 수식들은 아프다

부재라든가 바닥이라든가 명사의 명치는 아프다
아픈 곳에선 진한 꽃을 피우기도 한다
백세시대라 말하는 오늘
절반을 살아 온 내가 부도로 인한 부재의
바닥을 발바닥으로 걸었을 때
뜨거운 바닥에 다시라는 꽃씨를 뿌렸다
사람이 그리운 날엔 숲으로 시선을 두었다
푸른 나무를 보며 내일을 생각하였다
조금씩 발바닥이 시원해지고
사막 같던 시안(詩眼)에 꽃이 피기 시작하였다
아린 명치가 비에 젖은 날
가시 돋친 꽃들이 웃고 있었다
선인장을 신고 걸어도 아프지 않았다

수식들은 빛났고
부재와 바닥은 과거로 돌아갔다.

3부

오도 가도

누가 창틀에 거북 섬을 끼워 놓고 갔다

여기는 과림동 781번지
이곳까지 거북 섬 랜드마크 명함 떠내려 오고
갑 티슈 스티커 글자 선명하게

거북 섬은 대부도 가는 길 옆의
오도가도 못한 무섬 사이에

땅들은 가격이 치솟고
건물의 골격들은 사납게 소리들을 내지르고

오도 가지도 못하는 것들이 있다
자생으로 살다 죽은 풀꽃이며
때 되면 날아오던 철새들이며
오래 전 뱃길의 숱한 물보라들이며

창틀에 남겨진 광고용 화장지의 주인을 모르듯
오도 가도에 묻힌 사연의 사연들을 모르듯
몇 퍼센트의 수익 치솟는 허공을 모르는데

누가 창틀에 거북 섬을 끼워 놓고 갔다

짜다는 말에 대하여

짜다는 것은 깊은 정이다

어머니가 담가둔 장독대 노란 무가
하얀 꽃 피워내었던
속내 같이는

노랗게 물든 세월 같이는

떠나간 것들은 깊게 반짝이며
쓸쓸한 간수가 되어
짠 내를 품는다

몇 해 전 걸어보았던
염전 습지에서
이별 하나 깊게 가슴을 밟아 주었다.

닭발

새벽을 긁어
문틈에 밀어 넣던 소리

언제부터였는지 모르게
뼈는 도려지고
살엔 꽃 피고

아주 맵거나
약간 맵거나
맵지 않거나
가격은 균일가라는데

침샘 자극하여 알싸하게
혀끝 훑고 간 시간이었으면
덤덤한 생에 발톱은 닳아

맑은 소주 한잔
누구 목에서 출렁거리게.

호남 식당

독산동 이십 미터 도로 골목엔
호남식당이 길에 나와 오르막을 쳐다보고 있었다
계절의 안부 곁으로 봉제 공장들 늘어선
풍경 속으로
목포행 완행열차를 열창하며 들어서곤 하였다

바람이 불던 날이기도 하였다
몹시도 추운 그런 하루를 지낸 것 같은 표정들이
재봉틀 소리 가득 울리며 서로를 감싸주기도 하였는데
저녁을 위로하는 술병들 속으로 기울기도 하였는데

언덕의 비탈 쪽으로는
흔들리는 그림자 하나가 바다라도 찾아 나섰는지
고래고래 고동을 울리며 떠나기도 하였다

몇몇의 여공들이 궁둥이를 찰싹 붙인
호남 식당 안에서는
오랜 시간들이 와서 지운 듯한 말투 사이로
호남 식당에나 어울릴 법한 추억들이
끼어들곤 하였다

호남식당이
들어주며 있고는 하였다.

신일 감자탕

일흔 훌쩍 넘은 아지매가
큰 가마솥에 뼈를 삶고 말린 시래기 삶으면서
시집 못 간 딸년 삶을 찬물에 헹구신다

이쁘장한, 마흔 남짓한 여자 눈매는 앙칼지고
홀을 바라보는 고집깨나 있을 입 꼬리가
오늘도 유구하였다

신일 감자탕 뼈들은 신일 같았다
매일 새로운 뼈들이 우러나는 가마솥 속 같은
열 많은 아지매 걸음 옮기며 속 끓이는 말에
젊은 눈 꼬리도 한 계단 오르곤 하였다

자주 가는 가게여서 비법을 묻곤 하였지만
우러난 국물 맛의 정체는 대답을 외면하고
티브이 화면 속으로 기다렸다는 듯
낯설은 타향에서 라는 트롯으로 볼륨을 높혔다

모두가 이방인이고 타향이었을
뼈들의 고향 생각하다가

두툼한 뭉텅이에 목메이기도 하다가

작년 겨울 고쳤던 그 문을 나서며
오늘도 조용히 닫아주어야 하는 것이었다.

우리들의 숲

길상사 대웅전을 지나는 밤이었다
밤하늘을 보며 사막을 생각하였다
한 번도 가보지 못한 사막을
낙타나 오아시스 같은 흔적으로 채우면
우주는 별들의 숲이었다
우리들의 눈은 삼라만상을 바라보며 있었다
우리는 나무이고
멈춰버린 분수대 앞에 앉아서도
우주의 숲을 그리워하는 존재들이었다
휘청거리듯 지나가는 저 많은 나무들은
어디로 갈까?
자신의 사막을 걸어가고 있었다
대웅전의 사막으로도 고요한 밤이 오고 있었다.

활자라는 이름

죽은 광어 아가리 속에서
포구의 눈물 소래소래 울컥거렸다

인선이라는 이름들은 오래전부터
손수건이 되고 싶었다

토막 난 몸통과 뼈의 흔적 찾아
젓갈 같은 *활자들을 젓가락으로 뒤적여 보는

김인선 시인이거나 수인선 기차이거나 하는 소리가
소래소래 켜지면

오늘은 소래에 풍덩 발을 담그고
말린 광어의 예를 들어
광야의 노래쯤을 손뼉으로 마주쳐 주고 싶었다

인순이거나 완선이거나 하는 오류를 꺼내 들면서.

*김인선 시인님의 언어에 꽂힌 깃발을 읽다가

구로동 고물상

노인이
굽은 허리로 널따란 철문을 여니
담 귀퉁이에서 참선하는
바람 빠진 손수레와 찌그러진 철재 고물들이
녹슨 눈빛으로 그를 본다

한 때는 곧은 척추로 공장을 받치다가
세월에 떠밀려 휘어진 날
그날, 그리운지 주저앉은 손수레에 기대어
향토병 앓는 붉은 부스럼 딱지를 털어낸다

소주병에 담긴 폐유 기름때 절은 학의 날개를 기울여
드럼통에 불을 지피면
짓눌린 파목 쪼가리 사선으로 타오르는
불꽃의 그늘이 피어난다

지나간 신문 몇 장에
디지털 시대가 온다 라는 돋움체가 화르르 타고
거친 손마디를 오므렸다 폈다가 해보는
불꽃을 향한 관절의 소심한 항거,

문을 밀고 들어서는 십자군 원정대들의 수염이
불꽃처럼 노랗다.

분리수거

고급스러운 아파트 경비 아저씨가
매주 금요일엔 제일 높은 사람이 되는 동네

완장을 차고 빨간 스피커에다
있는 힘 다해 목소리를 높이기도 하면
각 잡은 제복에 허리 꼿꼿이 세워
눈빛 휘둥그레 빛이 났다

오랜 기간 군 복무를 한 것도 같고
호루라기 부는 모습이 교도관을 떠올려 주기도 하는
작고 단단한 체구가 잠시 동안
어깨 으쓱거리는 것 같았는데
사모님이 나타나자마자
작은 키가 쥐눈이 콩만큼이나 줄어들고 말았다

— 아저씨 이거 분리수거 해주세요
— 나 누군지 알죠?

순간의 정적
늦가을은 제법 춥기도 해서인지

입술도 가끔 부들거렸는데
짧은 말이 오래 맴돌았을 법한
단화 걸음 속에서 씨펄이 새어 나온다

분리배출을 외쳐대던
그의 마이크는 꺼져 있다

한동안.

화면이 꺼지고

어떤 사랑 하나가 드라마 속에서 빠져나와 눈물 흘리고 있었다 봄꽃들이 바람에 흩날리는 배경을 뒤로하고 깃 세운 코트 위로 생머리를 휘날려주며 내게 오는 것 같았다

변호사라든가 법무사 같은 건물들도 간판을 달고 올 것만 같았다 내로남불이라는 사랑의 끝 쪽도 스쳐주고 여인의 등 뒤로 변명에 대한 정론 같은 것도 따라오며 대사 한 토막이 뚜렷하게 또박또박 소리를 내었다

사랑이 식으면 남자는 이별하기 위해 변명을 하고 여자는 지키기 위해 변명한다는 그 여자의 화면이 사라지고 드라마는 끝을 내었다

사랑과 변명과 이별에 대한 관계를 생각하다가 뭉클해지는 감정이 찾아 왔지만 명확한 엔딩도 없이 어둠은 독백을 남기고 등을 돌렸다.

혼자 사는 남자

제비집이 허름하다 소식이라도 물어다가 지을 줄 알았는데 봄이라고 불렀던 시간은 마른 기둥으로 남아 강남 갔다던 말의 소문들이 신촌 이라는 호수의 불빛으로 무성하고 때로는 홍대 뒷거리 불야성으로 퍼덕이고 새벽 4시를 기점으로 처진 날개가 마포 둔치 쉼터 길고양이 발톱 사이 몇 개의 잔털로 남았다

날이 밝으면 박 씨 하나 묻혀 있을 법한 낡은 의자 부러진 다리 밑으로 오래된 사이렌 소리와

푸르고 붉은 경광등 깃발과 북단 늘어선 차량 행렬 경적으로 울었다

강남에 가본 적 없는 남자가 이름도 기억되지 않는 남자가 횟가루 움큼으로 대리석에 비벼지던 그 순간 아주 잠깐 제 집에 들렀으나 곧 허공으로 날아갔다

강물은 혼선된 주파수 사이로 자꾸만 폭우에 밀려온 소식 물어 오고 있었다.

근저당

소크라테스(S.t)이거나
뉴턴(n.t)이거나 하는 시대는 갔다

평등 원칙과 인력 법칙은
엿 사 먹거나 였을 변증론은 쉰내가 났다

동사무소에 기록된 이력 속의
짓눌린 주민 번호 숫자가 힘겹다

숫자에 갇힌 생의 맨 처음은 아프기도 하여서
울음을 저당 잡혀야 했다

생의 질량에 대한
근저당 설정은 필수였다

s.y이거나 e.s이거나 하는 근저당들은
당도가 빠진 잔고증명서일 뿐

t이거나 s이거나 암호화된 교합들은 좀비처럼
350의 활자화된 숫자 속으로 관성을 띤다

신전 델포이의 기둥처럼

그것은 무너져 내렸다 무너져 내리고 있었다.

문

녹슬어 버린 안쪽으로는 향기가 있다

밖은 춥고 어두워서
별빛 같은 서러움도 빗장을 치고
문풍지는 흔들려주었다

올망졸망 귀 열어 놓고
별 헤아리며 적었던 영글지 못한 말
손때 묻은 고리를 잡을 때마다
녹슨 흔적으로 남은 엄마의 기척

지금은 밤이고
짤막한 꿈이 박혀진 사진들을 보면
창문 앞 휘둥그레
환하게 기우는 달이 지나가고

오래도록 낡은 채 달빛 품은 세월이
녹슬고 있다.

동해 물과 백두산이

동해 물이 간밤에 건너와 주었다

붉은 심장은 물결쳐 주기도 하였으나
하늘 못 속으로 식어버리고는
뜬금없이 백두산은 먼 나라 땅이라는 듯
이질적 눈물로 젖어있기도 하였다

도깨비 뿔들이 혼란스럽게 휘날리며
간밤에 찾아와 주었던 동해 물과 백두산을
아련한 기억 속일지 모른다고
아침으로 깨워 오기도 하였으나
동해 물 건너오는 동안 백두산에는
괴물들만 살고 있었던 것 같았다

마르고 닳도록은
따라와 주어야만 했던 슬픈 얼굴들이
노래 한 소절 끝나기도 전에 스러져 갔다.

빈고

억 소리 내었다
몇 번의 문자 울림 속으로
숫자들이 사라지고
문신처럼 남겨진 허수의 슬픔만
빈 웃음으로 이죽거렸다

실체는
실제로는 없었다
숫자들도 오래 머물러 주지 않고
잔고는 빈고로 불려지다가 휴면을 하였다

종철이 형,
이젠 그만 도토리에 물이라도 주자
싹수에 삯이라도 주어보자고
불꽃도 없는 난로 앞에서 열을 토하고 있었다

참, 서럽게도 추운 봄날이었다.

조약돌 하나가 물수제비 되어

뿌리 잃은 나무 밑동으로
절망이 자랐다

폭우에 쓸린 황량한 말은
가뭄 바닥 주름 긁어내다가
가슴 저미는 동안 목까지는 차올랐다

강기슭 당신의 부재를 떠올릴 때
건너편 수심을 나타내는 숫자들은
발목 쪽으로 가까워지고
던져도 튀어 오르지 않는 조약돌 하나
그리움 숭덩숭덩 그리고 싶었는데
모래톱 겹겹이 당신께로 갈 길은 사막이었다

마른 하구 쪽으로 감정쯤은 별이 되고
절반쯤 남은 것들은 이별이 되는
여름이 짙어가는 쪽으로 시선을 세우면
멈춘 강은 눈물을 글썽거렸다

약속 하나 물수제비 띄운 날이 무척 흐렸다.

신 타이타닉

배에 오른다는 것은
위험한 일

탐욕의 밑과
높이 솟은 갑판의 위선
불기둥 위로 돛이 펄럭이다가
마침내 물살 갈라지는 바다

미지로 나가는 침실엔
탐닉의 물결
황홀로 요동치다가
때론 정지된 듯
고요를 응시하다가

사나운 파도와
폭풍과 거친 숨소리와

출렁이던 것들과
로맨틱의 파편들
객실 1514는 최후 곡성을

부표로 남기고
물거품 속으로 사라지고 말았다

허락 없이 배에 오른
초대장의 호텔들.

슬픈 계절에

바람결에 보일 것 같아

옛일 한 잔 우려내는 동안
저만치서 핀 들국화를 본다

촉촉한 얼굴과
진한 향기와

닿을 듯 멀어지는
슬픈 계절에 핀 네가

바람결에 보일 것 같아.

4부

처음

오랫동안 살처럼 기거했다가 떨어진 살붙이 딸이 세종대왕님을 봉투 안에 모시고 와서는 설날 아침에 꺼내 보라고 내밀었다

연애시절에 맛보았던 떨리는 가슴을 맛보았다.

로또

울 엄마
일확천금 꾸지 말라고

거북손 사래 치시며
너...... 또...... 샀냐?

창문이었네

나는 창문이었네

어여쁜 봄바람에도
흔들려 주는 창문이었네

달빛은 와서 창문 두드릴 때
입김처럼 머물고 간
흔적들을 말리는 창문이었네

기다리고 기다려 주는
맨 처음의 투명함으로 나는 있었네

틈이 갈라지고
세월의 비바람에 틀이 휘어져도
머물렀던 자리 이내 떠나지 않았네

안개처럼 뿌연 울음 후에야
살아 있었음을 혹한의 날씨 속에서도
흔들려 주었던 나는 창문으로 남아 있고는 싶었네.

다락방

순이랑 나란히 등 깔고 바라본
열일곱 여름방학같이

심장으로 밀려오던
장엄한 파도 같이

옆에 있던 꼬막 손 살그미 끌어 잡고
설레었던 좁다란 방 안으로는.

아름다울 때

늙은 사내가 막 피운 생강나무 꽃을 보듯

푯말 끝 뾰족한,
가리키는 방향으로만 꼭 가야 한다며
많은 발자국 이유 모른 체 걷거나 뛰었을 것이다

그 많은 생각들 산에서 내려오지 못하고
생강 꽃으로 피었을지 모를 일

소래산 내려와 걷다가
생강꽃 피어 있는 아담한 교회 같은 곳을 지난다

그 안에는 독실한 꽃들 만발하겠다

천지간에 나는 서 있고
나는 또 이런 생각을 하였다

꽃들 만발하여도 봄볕 없으면 향기 있을까.

영주

영주는 첫사랑의 이름이었다

문득문득 두근거려 주는
심장의 표피를 지나 움푹한 늑골에 핀
산자락 라일락 향기가 났다

떠났다는 말과 잊기로 했다는 생각의
반대급부적 아픔이어서
멀리 밀쳐두었어야 했다

나무처럼 우거져서
빼곡한 기억들 찰방거리기도 한데

영주에 들어서고 보니
하나 둘 별을 헤아리기도 한 저녁의
두근거림이 다시 찾아오기도 하였는데

도시로 떠난
연어의 붉은 꼬리, 라일락 피기 전의 기척이

영주의 밤 거리를 한동안 휘청이게도 하여 주었다.

호두 밭에서

난닝구 구멍으로
낭창한 바람 들면
홑바지 가랑이 속 그것
덜렁덜렁 흔들리겠다

누군들 대추 한 알*
붉어질 줄 몰랐겠는가

해질녘 노을 붉어지듯
눈물 꽃 피워 본 날 없었겠는가

넥타이 매고 신사동 걷던
사랑 한 번쯤 없었겠는가

난닝구 구멍으로
낭창한 바람이 들면

올겨울 눈 속으로 뻗을 두 손 안에서
홑바지 속 그것 옛일 달그락거려 주겠다

밀짚 모자 쓴 아저씨 같이는.

*장석주 시인 대추 한 알에서 인용

그 쓸쓸한 저녁 아래서

한 계절의 끝은 단장하기 위해 분주하다 울 엄마 젖은 손 떠난 김장하던 날이 옛일이 되어버린 세월과 물든 은행잎 책갈피에 꽂던 추억과 찬바람에 다우다 코트 깃 새우던 날이 사진으로 남았다는 앨범과

몇 잎으로만 저를 가린 늙은 가로수 사이로 빌딩의 무수한 불빛들이 저녁을 다시 켜는 노상의 포차에 앉아 탁자에 놓인 한 잔의 계절을 마시면 상처도 없이 욱신거리는 통증의 허리가 빈 가지 마냥 휘어가기 시작하고.

바이러스

휴일을 죽이려고 회사엘 왔다

침묵을 깨우며
검은 모니터가 눈을 뜨자
세상이 온통 바이러스다

접속과 접촉으로 몸체는 달아오르고
손가락 관절이 올려진 세상에는
순간 이동으로 살아가는 허구들이 날아 다닌다

X-마스 트리 전구 알처럼 붉은 신호들이
곳곳에서 구조요청을 보내는데
머리 위에서는 오래된 형광등이 파르르 떤다

무의식으로 감염된 오늘을 살기 위해
휴일을 죽이려고 회사엘 왔다 그러니까
나는 직업병 바이러스 보균자다.

동태탕을 먹다가

따끈한 탕이 그리운 날엔
고성으로 가자

한 번쯤 폭설에 갇히어 보리라는 생각
진부령엔 눈이 소복이 쌓였을 테니
눈으로 왔을 알래스카 소식 들으며
바다의 말에도 귀 기울여 주자
푸르며 거친 바다의 몇 날이
동태의 눈알에선 잔잔하기만 하고
눈보라를 가두었는지 아가미는 미동 없고
등대 같은 붉은 눈동자는 감옥이 된다

침묵이 쌓여져 고요로운 진부령
탕아의 생이 한계점에서 파도로 일어서면
누구라도 그곳에 가 고해성사라도 하듯
명태를 생각하여도 좋을 듯 싶기도 하고

출렁거리는 바다 냄새를 기억하여
봄 햇살에 하얀 살이 풀어지며
알들 펄펄 끓은 동해로 갈 것이라는,

바람 일자 꽁꽁 얼었던 지느러미
또, 한 바다를 향해 닻을 세우고 싶다.

모니터

증명사진을 바라보듯
네 앞에 앉기로 한다
무표정의 사내가 다녀갔을지 모를
어제를 꺼내 놓고
오늘은 어떤 색의 웃음을 신을까
전원 스위치를 켜본다

너를 보는 동안
나의 허상이 흐릿해지고
눈의 초점 속으로 지나가는 낱말이 있었다

죽음, 죽었다 같은
이런 말의 목덜미로 힘듦과 힘들다가 빼곤하고
절망의 잔재들이 변형을 일으키는 수사가
남겨져 있다

어쩌면 의 의혹으로 혹은
허상으로 살아가는 우리였을까
일어서는 자리가 미혹이다
너는 매일 죽었다가 다시 눈 뜨는데

사내가 비운 자리에는 남겨진 구두가
침묵 중이다.

우중 주행

천둥을 먹고 내리는 비가
번개를 반짝인다

트럭을 몰고 가는 고속도로 위의
풍경들이 흐릿함 속으로 멀어지면
세상의 모든 서러움들이 어둠 속으로 빛을 낸다

사월의 나뭇잎들이 빗물 속으로 젖어가는 동안
불쑥 튀어나온 생각 하나 가슴 저민 이야기도
빗물에 씻기듯 쓸려가고 있었는데

어서 오십시오
여기는 안산시입니다

한참을 달려왔는데도 말이지.

전선 야곡

가랑잎 휘날리면 겨울이 온다는 노신사가 있다

전선에 차가운 밤을 생각하며
정화수 떠 놓고 살아오기만을 기도했던 어머님을
전선은 입을 다문 채 Dm에서 A7까지 늘어져
어느 세상인지 모를 오른쪽으로
슬픔 같은 선율을 배달하였다

밤이었고
불꽃이었고
포성과 연기 자욱한 왼쪽은 전율을 흐르게 하였다

꿈은 잿빛 하늘의 구름
노년의 뒷모습으로 짙어진 세월
전선으로는 눈물이 흐느적거리며
노래 한 토막을
시리도록 끌어안고 싶었다는데

그 목소리가 그리도 그리웠다는데.

깎다

덥수룩한 생각들조차 깎고 싶은 날

일손 놓고
무작정 찾아간 미용실에서
짧게 머리를 깎는데

내 키의 두 배나 되는 거울 속으로
어릴 적 일들 지나가고

정자세로 나를 응시하는
좀 늙어 보이는 화상이
나를 따라 흉내를 낸다고

흠칫
들켜버릴 것 같은 마음 감추고
찰칵거리는 가윗날 틈으로 시선을 두는데

희끗거리는 생각들 무심히 떨어지고
빛 보지 못한 검은 상처들도 왈칵 쏟아지고
덥수룩한 머리카락 사라졌다

남은 날들을 헤아려보지 않았지만
매번 나는 유리창을 뚫고 와
세월 깎아주는 그가 몹시 고마웠다

눈물마저 깎고 싶은 날이었다.

자르다

잘라냈다는 말일지도 모를
덥수룩한 머리카락을 자른다

불쑥 자라나는 콩나물같이
곧게 서지도 않는데
간혹 삐쭉하게 솟은 흰 가닥이 잘린다

얼굴 아래의 바닥으로
먼저 온 이들이 상념이 잘렸는지
검기도 하고 붉기도 하고 희기도 한
가느다란 소리들이 싹둑 잘려있다

머리칼을 커트하는 동안
짧기도 하였거나 짧지도 않았거나 하는
삼십 년쯤의 묵은 것들이 떨구어져
텅 빈 나목의 가지 하나 드러나기 시작한다

겨울 복판에 남은 마른 잎 하나 잘리는데
그 끝은 무표정이었다
오십년쯤을 훌쩍 넘은 나이테가 메말라 보였다.

속물

속물 다 게워내며 한 계절을 보내었다

숨을 곳이라곤
숨을 감출 곳이라곤
바람과 구름과 하늘 밖의

떠밀리듯 게워낸 속내의 속물을
썰물에 드러난 서해 어느 갯벌에 자리한
딱딱해진 숨구멍에서 보았다

주인 잃은 등기우편 귀퉁이가 종일
짠물을 마신다

부덕도 방파제 붉은 글씨 아래 돌 하나 빠져나가고
부도(仆倒)만 남은 구멍으로 거센 파도 들어오는 날 있었다

방파제에 누워 게의 한 계절을 보냈다
근 십 년의 시간이 지나가고 있었다.

트러커

립스틱 바른 입술에 분홍 꽃 피더니
여자의 향기가 진동하였다
단골 미용실에서 처음 마주친 예순의 여자였다
사진을 찍어 주다가
꽃무늬 원피스보다 더 고운 여인이라 생각했다
입가에 핀 접시꽃과
맑은 눈의 바다와
그 여자의 사진 속 모습을 보면서
포즈며 옷매무새에 대해 말을 건네곤 하였는데
누나가 떠올랐다
어릴 적
사연도 모르게 상경한 누나 같이
코스모스를 좋아하던 누나 같이
여자보다 여인보다
참나리꽃이라고 불러주고 싶었는데
장거리 운전을 하며 보는 풍경이라서
굳이 어떤 일을 하느냐고 묻지 않았다.

거기 있을 것만 같은

신일 전파사 입체 간판과 마주하였다

드립 커피가 맑게 채워진 잔과 밖의
그런 풍경들이 낯설게 어울리는
송천동 골목길에서 옛 이름을 떠올렸다

골목 모퉁이 사라진 인숙이가 그랬듯이
감 가지 꺾어 치맛자락 휘날린 영자가 그랬듯이
소녀의 이름들이 있을 것만 같은

선명한 문패 이름 깊숙이 잊힌
그 옛날 해맑은 웃음꽃 필 것 같은 골목에서
거기 있을 것만 같은 이름들이

걷는 동안
다방과 여인숙이 오래도록 이쁘장한 모습으로 다가오고
옆으로는 죽순 올라오듯 아파트도 키를 재며 따라오곤 한
풍경들과 마주하였다

송천동 하늘은 늘 그랬으면 하고 구름 한 모금도 불어보
았다

|해설|

동일성의 세계와 자연의 세계
-정태중 시집 『그 쓸쓸한 저녁 아래서』

이 재 연
(시인)

1.

자연은 인간과 뗄 수 없는 관계를 지닌다. 예술과 자연의 관계도 마찬가지이다. 예나 지금이나 자연이 시의 무한 소재가 되는 것도 당연한 일이다. 어느 누구인들 깊고 넓은 자연의 침묵과 그 아름다움을 그냥 비켜갈 수 있을까.

하물며 시를 쓰는 사람들이 바라보는 자연에 대한 외경과 감탄은 따로 언급할 필요는 없을 것이다. 모든 창조물 중에서도 자연은 더 위대한 창조물이다. 신의 절대능력에서 만들어진 것이 아닐지라도 거대 자연은 인간이 창조할 수 없는 범위의 영역에 자리하고 있다. 때문에 인간에게 끝없는 영감과 신비와 재해석의 빌미를 제공하고 있다.

자연이 만들어내는 삼라만상 앞에 설 때만이 인간은 오직 타자를 향한 비판과 비평과 불만을 멈출 수 있을 것이다. 자연의 순환 속에는 우리가 어떻게 할 수 없는 우주의 섭리가 가동되고 있었기 때문이다. 그것이 자연의 위대함이다. 우리가 살아가는 삶의 양식 속에도 지켜야 할 법칙과 순리는 있다. 하지만 인간들의 삶의 법칙 위에 존재하는 것이 자연의 법칙일 것이다. 인간도 거대 자연의 일부에 불과하기 때문이다.

정태중 시인이 자연물과 자주 상관하는 것은 그런 자연을 대하는 태도에서 연유하고 있다고 할 수 있다. 자연이라는 교과서를 통해 사물과 그 사물의 속성을 차용하고 비유하고 은유하고 모방 하는 것은 예술과 자연의 오래된 관계였다. 특히 자연을 소재로 혹은 아름다운 자연경관을 배경으로 쓰인 시는 전통서정시의 중요한 축이라고도 할 수 있다.

서정시의 모색에서 중요하게 대두되는 항목은 항상 동일성의 세계이다. 이는 시적 대상과 화자 사이의 갈등과 불화보다는 조화와 균형을 바탕으로 하는 세계와 시적 화자가 합일을 이루고 있는 경우이다. 대상과 화자 사이에 연민과 선을 이루고 있는 서정시도 있으며, 시적 대상을 통해 사유의 심화와 사유의 확장을 꾀하고 있는 서정시도 있다. 한편 사물의 본성이나 현상을 통해 삶의 진실에 도달하려는 시들의 추구도 도 있다.

정태중 시들도 이 모두의 경우를 포함하고 있는 동일성의 세계를 충실히 지향하고 있음을 살펴볼 수 있다.

여린 나무에도 노랗게 물이 오른다

어머니의 숨 같아서
마른 나무에 수유하는 산의 목이 아프다

봄은 생명이어서
생강꽃을 피우기도 한다

가지들은 저마다 노란색 꽃을 달고
지난겨울의 각질 벗으며
휘어진 허리, 비탈에 맡겨두고
하늘의 높이를 꿈꾸어 본다

꽃들의 곤한 잠이 별을 내려놓은 듯
노랗게 똥을 누고 있는 듯

수유를 시작하는 무렵에게로
신성한 숨의 밤을 보내오기 시작하였다.

-「숨」 전문

시인의 안광 속으로 꽃이 비쳐든다. 꽃을 바라보는 이의 입에서 말이 나온다. 그 때 나오는 말은 내가 꽃에게 다가가서 꽃에게 건네는 말이 아니다. 꽃이 내게 와서 하는 말에 가깝다. 자연 속의 꽃은 언제나 그 자리에 있다. 그 자리에서 변하지 않는 모습으로 있다. 사실 꽃은 피었다 지고 졌다 다시 피어나는 순환의 방식을 변함없이 보여주는 그 자리에 꽃은 있다. 그 자리가 자연의 자리이다.

자연의 법칙 앞에서 사람의 말은 소음과 같다. 그래서 숙연함에 다다르고 그때 꽃이 더 잘 보이고 더 잘 들린다. 꽃이 하는 말을 들을 귀는 누구에게나 있지만 꽃이 하는 말을 시로 옮길 수 있는 일는 일은 누구나 실행할 수 있는 일은 아니다. 자연의 언어를 옮길 수 있는 자신의 언어를 간직해야 하는 일이기 때문이다. 이처럼 자신의 언어를 선택하는 일은 시인이 자신의 세계관을 선택하는 일과도 같다.

위의 시에서 시인이 바라보는 것은 봄에 피는 생강꽃이다. 생강꽃을 바라보며 쓰인 평범한 시 속에서 눈에 띄는 언어는 "생명"과 "어머니"와 "수유"라는 단어이다. 봄이 오자 검고 거친 생강나무에서 여린 꽃잎들이 돋아난다. 그 꽃잎들을 바라보는 화자는 "노랗게 물이 오른다"라고 표현한다. 화자는 노랗게 물오른 생강꽃을 보며 "어머니의 숨"으로 읽거나 넘어가고 있다. 어머니의 숨과 앙상한 나무에 붙어 돋아나는 여린 꽃의 이미지는 서로 겹친다. 그렇게 겹친 이미지는 곧 생명력이라는 근원적 상상력에 접목되어 어머니라는 중추적인 이미지를 만들어낸다. 어머니라는 단어만큼 생명력과 깊이 연대하고 있는 것이 또 있을까. 화자의 시적 정서는 어머니와 수유라는 이미지를 통해 원천적인 생명력을 환기시키며 생강꽃의 의미를 넓고 깊게 확대시키고 있는 것이다. 생강꽃이 화자에게 다가갔을 때 화자가 선택한 언어는 생명과 어머니와 수유라는 단어의 착상들이다. 자신이 선택한 언어로 생강꽃에게

서 시인은 곧 대지의 생명력을 부여하고 있었던 셈이다. 이렇듯이 자연은 정태중 시의 요체이며, 삶의 진정성에 도달하려는 사유의 세계로 자주 등장하고 있어 보인다.

발끝에는
병아리 부리 같은 저것들
땅에 올라 공중부양을 하는데

나는
차마 발걸음
내딛지 못하였다

묵언수행 중임을 방해하는 것만 같아서.

-「입춘」 전문

입춘은 24절기 중에 첫 번째로 오는 절기이다. 동시에 겨울이 끝나고 봄을 마중하는 기간이기도 하다. 봄은 생성과 생명의 계절이며 상승의 계절이다. 봄이 오기까지 뭇 생명들은 하강의 시간을 지낸다. 동면과 지하의 세계에서 견디는 시간, 그 시간이 소멸되거나 이지러지고 난 다음에야 오는 시간이 봄의 시간이다. 따라서 봄은 상승의 시간이다. 만물이 겨울잠을 끝내고 꿈틀거리는 변동의 시간이다. 꿈틀거린다는 것은 살아있다는 것이고 살아있는 것들은 성장을을 향해 촉수를 내보이거나 지속하기 시작한다.

아주 작은 것들이 톡톡 흙의 껍질을 건드릴 때 리드미컬한 숨이 지상으로 터져 나온다. 입춘이 지나면 발부리를 조심해야만 하리라. 흙 속에서 부화하여 비비거리며 세상으로 나오는 식물들의 머리를 다치지 않게 해야 하기 때문이다.

시 속의 화자 역시 입춘이 되어 변화하는 계절의 기미를 예민하게 관찰하는 시간을 마주하고 있다. 누군가 흘린 물감처럼 푸릇푸릇 검은 흙 밖으로 나오는 이름 모를 풀들을 "병아리 부리 같은" 것들 이라고 부른다. 병아리도, 병아리 부리도 아직 연약하기 이를 데 없지만, 그것들이 탄생이라는 과정을 거치며 "땅에 올라"오는 시간이 입춘이다. 지하에서 땅 위로 올라온다는 것은 모두와 함께 공존공생 하기 시작하려는 새로운 탄생의 의미이다.

아직은 어린 풀들을 향해 "차마 발걸음을/내딛지 못하"는 것은 화자의 무의식 속에 있는 자연과 인간의 수평적인 세계관이 자연스럽게 반영된 태도의 행위이다. 사람이 사람됨으로서의 뭇 생명에 대한 배려와 애정을 정제하여 함축적으로 보여주고 있는 시의 모습이 자리잡고 있다.

향림사* 벽 오르는 담쟁이
손금 깊어져 아플 텐데
차마 속엣말 다하지 못 했으리

형형 색들 입산하는 뒷모습

차마 눈물 아니 흘렸다고
말하지 못했으리

-「상강」 전문

현대사회의 특징 중의 하나는 매우 복잡하다는 것이다. 쉽게 하나로 요약하고 정리할 수 없는 구조 속에서 살아가는 현대인들은 그 복잡의 산물을 안고 살아갈 수밖에 없다. 때문에 시 속에 나타난 주체들이 단수 일 때도 있고 복수일 때도 있다. 체제와 구조에 억압된 주체들의 내면은 단순하지만은 않기 때문이다. 그로 인해 어떤 시들은 긴 내용과 복잡한 형식을 띠기도 한다. 그 피로감을 말하는 사람들도 있지만 길고 짧은 것은 호불호의 문제일 뿐이지 당위성의 문제는 아닐 것이다. 압축과 절제를 통해서 보여주는 시에 얼마나 오래 사로잡힐 수 있는지 그 예는 허다하다.

상강은 겨울이 오기 전의 늦가을의 시기를 말한다. 밤에는 흰 서리가 내리고 겨울 잠 자는 벌레들은 모두 땅에 숨는다는 절기이다. 겨울이 오기 전 무성했던 잎들은 시들해지거나 다 떨어지고 난 후일 것이다. 대부분의 잎사귀는 다 떨어졌겠지만 산에는 아직 형형색색 단풍들의 자태가 남아있을 때이다. 상강 무렵 화자는 산을 오른다. 산에 오르다가 향림사의 담벽에 붙어있는 담쟁이를 발견한다. 여름에는 잎이 무성하여 잘 보이지 않았던 담쟁이 넝쿨이 기어가고 있는 길들이 환희 보였을 것이다. 유독 줄

기가 많은 담쟁이 넝쿨들이 화자의 눈에 각인되었을 것이다. 그 담쟁이 넝쿨을 손금으로 읽는 것은 시인의 맑은 눈이다. 각자 가지고 태어나는 자신의 운명을 손금을 통해 읽어내려는 상상력이 작동 되었다. 화자는 담쟁이 넝쿨 하나하나가 각자도생하며 살아가는 우리네 삶의 여정과 닮았다고 생각한다. 그러한 생각을 압축하여 상징적으로 표현한 작품이 상강이다.

1연의 "벽 오르는 담쟁이/손금 깊어져 아플텐데" 라는 언술 속의 '벽'은 고달픈 삶의 여정을 뜻하는 상징으로 자리 잡고 있다. 그 여정을 '손금'으로 치환하자"차마 속엣말 다하지 못" 한 중생들을 "형형 색들 입산하는 뒷모습" 으로 시각화 시킬 수 있게 되었다. "형형 색들" 은 가을 산의 단풍들을 상징하기도 하지만, 가을 산을 오르는 등산객들을 이르는 것일 수도 있었다. 중의적인 표현으로 읽는다고 해도 그 의미는 크게 달라지지 않는다. 담쟁이 넝쿨을 손금으로 읽고, 산을 오르는 등산객들의 삶과 연결시켜 인생의 고달픔을 정제된 언어를 통해 보여주고 있다. 위의 시가 효과적일 수 있었던 것은 담쟁이 넝쿨과 손금의 유사성을 잘 포착해냈기 때문이다. 그렇게 짧은 시행 속에서 시각적 요소들을 살려 이미지화 했으며, 그 이미지를 통해 사유의 깊이를 드러내고 있는 부분을 눈여겨 볼 수 있게 하는 한편의 작품이다.

검은 나무들은

잎 지고 난 몸뚱아리에
검은 옷을 껴입고 겨울을 난다

버스정류장 지날 때 서툰 말로
안녕하세요
주머니에 손을 집어넣고 웃는
맞은편 회사 다니는 네팔 청년의 인사를
나도 주머니 속 동전을 만지작거리는
자세로 받는다
반쯤 삐딱하게 한쪽 손을 집어넣고 인사하는 폼이
썩 마음에 들지 않는다
포화 같은 경적을 울리며 한 척의 버스가 닿았다

한참 뒤의 소문으로
그를 알았다
일 잘하고 성실했다는 네팔 청년은
손가락 두 개 그리운 고향으로 먼저 보내고
주머니에 손 찔러 넣은 모습으로
공항으로 떠나갔다고
내 주머니 속 동전에 새겨진 영웅처럼 일러주었다
내용은 잘 모르겠지만
그의 잃어버린 손가락이 건너편 회사의
누란을 구한 공적이 적지 않았던가 보았다

사무실에 앉아 밖을 보다가
어색한 인사 건네던
선한 눈빛 하나 갑자기 떠올랐다
검은빛 몸통들의 겨울나무들 가지 사이로.

-「검은 나무」 전문

서정적 자아의 여러 가지 태도 중의 하나는 연민과 배려의 정서를 가지고 있다는 점이다. 사랑과 연민은 완연히 다른 감정이라고 할지도 모른다. 하지만 연민 또한 사랑의 또 다른 부분이라고 강조하고 싶다. 연민과 배려는 한사코 타자를 동반하고는 한다. 타자 없이 생성될 수 있는 감정이 아니라는 것이다. 기본적으로 위의 시는 타자에 대한 연민과 배려의 정서에서 출발하고 있다.

이미 우리 사회는 단일민족, 단일혈통이라는 전통이거나 자부심을 고수할 수 없는 상황에 처해 있다. 삶의 생생한 현장에서 이민족의 구성원을 쉽게 접하게 되는 현실을 보게 되었다.

화자는 낯이 익은 네팔청년과 일상적인 삶의 현장에서 마주친다. 네팔 청년은 반갑게 화자에게 인사를 건넨다. 그러나 주머니에 손을 넣고 인사하는 폼이 눈에 거슬린다. 인사가 예의를 갖춰서 하는 것이 우리가 습득하고 있는 전통적인 예의범절이기 때문이다. 네팔 청년이 주머니에 손을 넣고 삐딱하게 인사하는 모습 때문에 자신도 주머니에 손을 넣고 인사를 받는다. 그렇게 인사를 주고받고 한참이 지난 후에야 네팔 청년이 손을 주머니에 넣고 인사했던 까닭을 알게 되었다. 그가 한국을 떠나 본국으로 돌아간 뒤에서야 후문으로 알게 되었던 사실이다. 사연인즉 네팔 청년은 자신의 일터 건너편에 있는 다른 회사의 “누란을 구하”다가 손가락을 잃어버렸다는 사실이다. 예의 없다고 생각했던 청년에 대한 자신의 태도가 한참이나 잘못되었다는 것을 뒤늦게 깨닫게 되었다. “사무실에 앉아 밖을 보다가/ 어색한 인사 건네던/선한 눈 빛 하나가 갑자기 떠올랐다” 자신의 일도 아닌 다른 회사의 어려움을 도우다가 손가락을 잃어버린 청년에 대한 안타까움이 결국은 반성적 성찰을 동반하는 시를 쓰게 하였다.

2

아래의 시는 2부의 첫 장에 수록 된 시이다. 큰 차이는 없을 수도 있지만 정태중의 시인의 작품들이 앞에 소개된 시들과의 나름대로의 차별성을 띄우는 지점들이 엿보이고 있다. 변별성에 기초하여 다음의 시들을 살펴보기로 한다.

내리는 눈을 바라보고 쓰인 시일 수도 있고 이미 쌓여있는 눈을 바라보며 쓰인 시일 수도 있었다. 혹은 적설이라는 단어에 마음이 꽂혀 쓰여졌다면 이를 심미적인 차원에서도 살펴볼 수 있을 것 같다.

적설이라는 단어만큼 내리는 눈과 쌓여있는 눈의 풍경을 한마디로 요약하기에 적절한 단어는 더 이상 없을 것 같다. 질베르 뒤랑은 수 천 만원 짜리 사유도 서푼짜리 이미지 없이는 이루어질 수 없다고 하였다. 적설하면 떠오른 것은 눈 내리는 풍경이고, 눈 내리는 풍경을 떠올리면

말할 수 없이 고요해지는 순간에의 정서이다. 소음이 없어 고요해지기 보다는 그 작은 눈방울들이 훨훨 날으며 천지를 감싸 안는 적멸의 풍경에 있었을 것이다. 펄펄 나는 눈발의 이미지만 살아있는 자들의 시야를 가득 메운다. 예술 작품에서의 이미지란 그렇게 마력적이며 위력적이었던 것이다. 그의 시에 등장하는 이미지에 잠시나마 주목하여 보기로 하였다.

종래에는 쌓이고 마는

쌓인 만큼의 두께를 보노라면
나도 내려놓아야 할 생각들의 부피가 커지고

한 줌의 눈뭉치를 뭉치다가
꾹꾹 눌러 보다가
등짝에 문신처럼 새겨지는 단어 하나

"적설"

뉴스에서나 가끔 듣던 설악산 대청봉 날씨같이
풍경의 그림자를 새겨주던 그 말

한사코 그 말속으로
나뭇가지는 툭툭 부러지는 소리까지를
내 보이는데

한 사람

그립다는 말이 푹푹 쏟아지는 날.

-「적설」 전문

적설이라는 단어 하나의 이미지를 통해 한 눈에 보여주는 그림의 지점이 있다. "한사코 그 말 속으로/ 나뭇가지는 툭툭 부러지는 소리"가 난다는 것이다. 이만큼이나 적설을 적확하게 표현한 예가 흔하지 않았음을 볼 수 있었다. 프라딘느는 사유의 내용은 이미지의 범주 이외에 다른 것일 수 없다는 사실을 지적하기도 하였다. 시에 있어 이미지는 그만큼 너른 영역을 거느린다. "등짝에 문신처럼 새겨지는 단어 하나" 라는 부분에서도 '적설' 이라는 단어와 '등짝'이라는 단어가 서로 치밀하게 연동하고 있는 중이다. 내리는 눈을 받는 것이 왜 하필이면 등짝일까. 우리의 신체 중에서 힘의 무게를 가장 넓게 받아낼 수 있는 구조를 지니고 있는 곳이 곧 등이 아니겠는가. 물론 적설은 위에서부터 아래로 내려오는 구조를 지니고 있다. 그것을 충분히 받아낼 수 있는 곳이 또한 등짝이었다는 사실이다. 대중가요에서도 '등이 휠 것 같은 삶의 무게여' 라고 노래하지 않았던가. 쌓인 눈과 나뭇가지 부러지는 소리와 함께 "한 사람에 대한 그리움이 푹푹 쏟아"질 것만 같은 삶의 여백이 느껴지는 것이 이 시가 담보해낸 아름다움이었다.

죽는 날까지
하늘을 우러러 한 점 부끄럼 없기는커녕

미친놈이 있어 주었다

잎새에 이는 바람에 괴로운 것은
보해 미안 양조장이 여전히 잎새주를
생산하고 있었기 때문이다

미장 김 씨가 술을 마시는 것은
죽어가는 것들을
사랑하기 싫어서 였을 것 같았다

별은 별별 소문으로 깜빡여주었으나
투박한 막걸리를 컬컬 들이켜며
웃고 울었던 한 소절의 트림 같았다

오늘 밤에도 별이 바람에 스치운다
라는 시구 앞에서

김 씨의 젖은 눈 속에 사는 비틀거리는
미친놈을 떨쳐내고 싶었다.

-「서시보다는 서시 풍으로」 전문

윤동주의 서시는 전국민이 즐겨 애송하는 시이다. 젊은 시인이 쓴 시답지 않게 반성적이고 성찰적인 자아가 잘 드러난 시이다. 윤동주 서시에 나타난 시적 화자는 "잎새에 이는 바람에도 나는 괴로워했다"와 같이 매우 섬세하고 예민하고 감성적이다. 죽는 날까지 한 점 부끄럼이 없기를 바라는 시적 자아의 염결성이 이 시의 주된 정서이다. 때문에 삶의 자세를 바로 할 때나 그와 상반된 감정이 일어날 때도 즐겨 애송하는 시이다. 도덕적이고 모범적인 혹은 긍정적인 삶의 자세를 엿볼 수 있는 것이 윤동주의 서시이다. 그런 측면에서 위의 시는 윤동주의 서시를 패러디한 것이라고 할 수 있다. 위의 시는 삶의 자세가 서시처럼이 아닌 흐트러진 자세를 보여주고 있다. 무엇 때문일까. 심리적으로이러한 자세는 현실을 살아가는 현대인들의 이면을 표현하기 위한 시적 장치의 가동이라고 볼 수 있는 측면 역시 존재한다. 그러나 지극히 예민하고 섬세한 윤동주의 서시 속의 시적 자아를 응축하는 단어는 '부끄러움'이라는 단어라고 볼 때, 정태중의 시에서는 그 부끄러움의 대척점에 "미친놈"이라는 단어가 자리한다. 미친놈이라는 단어는 부끄러워하기는커녕 그것을 한참이나 초과한 비이성적인 상태를 제시하는 역할을 지니게 하고 있다. 그가 말하고 싶은 것은 사실 삶을 거짓 없이 바라보고자 하는 자신의 마음이 아니었을까. 시 속에 등장하는 "잎새주"와 "막걸리" "트림"과 같은 단어는 속일수도 없고 감출수도 없는 삶의 현장성을 말하고 있다. 그 삶의 현장이야말로 노동이 존재하는 곳이고 노동은 가장 진실하게 삶을 수행해나가는 가치로서의 자리임을 대변하고 있다. 그 치열한 삶의 현장에서 어찌 잎새에 이는 바람에도 부끄러워하는 사람이 존립할 수 있을지.

사실 우리들 삶의 시스템을 되돌아보면 거기 "미친놈이 있어 주었다"가 맞다. 이것이 정태중 시인은 물론이고 우리 모두의 부끄러움이지는 않았겠는가. "미친놈"이 부끄러운 것이 아니고 미친놈이 나올 수밖에 없는 시스템을 만든 우리를 부끄러워해야 하는 것이, 굳이 전형성이 유별난 윤동주의 서시를 패러디한 시의 지향점이지 않을까 싶었다.

결정적으로 "미장 김씨가 술을 마시는 것은/죽어가는 것들을/사랑하기 싫어서 였을 것 같았다"라는 부문이 오래 남는다. 윤동주의 서시의 '죽어가는 것들을 사랑해야겠다'/와 정태중 시의 "죽어가는 것들을 사랑하기 싫어서" 였다 중에 어느 쪽이 더 아플까. 어느 쪽의 사랑이 더 현실적이며 절실하고 아프게 다가오는가. 죽어가는 것들을 사랑하기 싫다는 표현은 아픈 역설이었다. 너무나 사랑하기 때문에 죽어가는 것들을 사랑할 수 없다는 것이 저 표현 속에 내재해 있다. 그 사랑의 크기가 참으로 크게 다가온다. 이 시가 패러디의 정치적 개념에 근접해 있다고 생각되는 부분이 사실은 거기에 있었다.

조금만 더 깊게 바라보자면, 윤동주의 서시와 정태중의 「서시보다는 서시풍으로」라는 시가 서로 다른 배경을 가지고 있다는 것은 시 속의 화자나 등장인물의 차이에서 시작되지만, 서시의 화자는 식민지 시대의 20대 청년 유학생이고, 후자의 경우 미장일 하는 김씨 아저씨이다. 전자가 관념적이고 감성적인 반면에 후자는 리얼한 삶의 현장에 있는 인물이다.

정태중의 시가 자연과 자연현상을 차용하고 그 언저리에만 뿌리를 두고 있는 것은 아니라는 사실을 엿볼 수 있다. 그의 시는 후반부로 갈수록 소시민의 삶과 일상에서 건져 올린 사회적 메시지와 충돌하며 있음을 발견할 수 있다.

3

이제 시집 속에 들어있는 남아있는 시들을 대상으로 정태중 시의 시대성의 고찰과 더불어 가계와 인물사의 관점들이 작동되는 부분을 헤아려 보기로 한다.

아래 인용시의 무대는 얼핏 60~70년대쯤으로 보인다. 그러나 지금도 완전히 사라진 풍경은 아니다. 기억을 소환해서 쓴 시편인지 오래 전에 쓰인 시편인지 는 알 수가 없다. 기본적으로 어떤 장면과 순간을 있었던 그대로의 관점으로 묘사하고 있는 시편들 중의 하나였다.

제목처럼 호남식당이 그 배경이다. 호남이라는 지명을 통해 시대적 배경을 짐작하게 하려는 작법으로 보인다. 독산동과 봉제공장 호남식당 등을 통해 말하고자 하는 것은 고향을 떠나 도시에 정착한 사람들의 고달픈 일상과 소시민의 삶을 드러내고 있는 점에 바쳐져 있다. 한 편으로는 이러한 시편들을 2020년대에 읽는 것은 차라리 생소하게 여겨지기도 하는 측면이 있다. 2020년대에 이런 모습들이 존재하지 않는다는 것이 아니라 이런 장면을 그려내는 시가 작금의 시단에서 보기 드물다는 뜻이다.

아래에 있는 시는 배운 것 없고 가진 것 없는 출신들이 몸으로 부딪치면 살아냈던 시간을 있는 그대로의 풍경을 통해 드러내고 있다. 물론 아직도 이러한 삶의 형태 역시 완전히 사라진 것은 절대 아니다. 시대가 아무리 바뀌어도 소시민들의 삶은 크게 달라지지 않았다. 현재 진행형인 셈이다. 어쩌면 정태중도 그 사라지지 않음의 배경 위에서 아무도 귀 기울이려 하지 않는 오늘의 과거를 재현해보고 싶었는지도 모를 일이다. 호남식당에 앉아 옆자리에서 들려오는 소리, 그들의 억양에 귀 기울이는 화자는 기본적으로 중심에서 먼 주변과 낮은 곳에 있는 사람들에 대해 연민과 애정을 가지고 있는 화자로 자라잡고 있다.

독산동 이십 미터 도로 골목엔
호남식당이 길에 나와 오르막을 쳐다보고 있었다
계절의 안부 곁으로 봉제 공장들 늘어선
풍경 속으로
목포행 완행열차를 열창하며 들어서곤 하였다

바람이 불던 날이기도 하였다
몹시도 추운 그런 하루를 지낸 것 같은 표정들이
재봉틀 소리 가득 울리며 서로를 감싸주기도 하였는데
저녁을 위로하는 술병들 속으로 기울기도 하였는데

언덕의 비탈 쪽으로는
흔들리는 그림자 하나가 바다라도 찾아 나섰는지
고래고래 고동을 울리며 떠나기도 하였다

몇몇의 여공들이 궁둥이를 찰싹 붙인
호남 식당 안에서는

오랜 시간들이 와서 지운 듯한 말투 사이로
호남 식당에나 어울릴 법한 추억들이
끼어들곤 하였다

호남식당이
들어주며 있고는 하였다.

-「호남식당」 전문

늙으면 고향 쪽으로 대고 운다는 어떤 짐승의 이름 하나를 떠올려 주게하는 민낯의 추억의 시편이다. 그렇게 시의 한 지류는 추억일지도 모른다. 전통적 서정시의 '동전의 양면'과 같은 바라봄이 왠지 이 시편 앞으로 잠시 머물렀다가 가게 하였다.

천둥을 먹고 내리는 비가
번개를 반짝인다

트럭을 몰고 가는 고속도로 위의
풍경들이 흐릿함 속으로 멀어지면
세상의 모든 서러움들이 어둠 속으로 빛을 낸다

사월의 나뭇잎들이 빗물 속으로 젖어가는 동안
불쑥 튀어나온 생각 하나 가슴 저민 이야기도
빗물에 씻기듯 쓸려가고 있었는데

어서 오십시오
여기는 안산시입니다

한참을 달려왔는데도 말이지.

-「우중 주행」 전문

시 속의 화자는 비가 쏟아지는 고속도를 달리고 있다. 고속도로를 달리면서 화자가 주목하여 바라보는 것이 트럭이다. "트럭을 몰고 가는 고속도로 위의/ 풍경들이 흐릿함 속으로 멀어지"는 장면들을 스치면서 웬일인지 화자는 세상의 모든 서러움들을 생각한다. 한편 트럭을 몰고가는 주인공이 자신이 되기도 한다. 서러움을 불러오는 매개물이 고속도로와 내리는 비 때문일 수도 있지만, 그 빗속을 끝없이 달려 어딘가에 도달해야 하는 고달픈 일상의 누추가 화자에게 그대로 전이 된 상태와 같다. 누구라도 고속도로 위에서는 끝없이 달려야 하는 고속도로의 속성이 또한 편치 않았던 것이다.

현대인의 삶이란 더더욱 멈추면 안 되었다. 무엇인가 해야만 하였다. 살아가기 위해서 살아남기 위해서 한 시도 멈추어서는 안 되었던 것이다. 우리는 모두 고속도로 위에 있는 트럭들이다. 정태중의 시는 지금 그렇게 그 순간들에 대하여 말하고 있는 셈이다.

그런데도 결국 시 속의 화자는 열심히 쉬지 않고 앞만 보고 달려왔는데도, 이미 어떤 국면 하나를 벗어났을 것이라고 생각했던 지점에서 바라보니 "어서 오십시오 /여기는 안산입니다"

우리들은 그렇게 아직도 안산에 머물러 있었던 것이었다. 그러니 여기에서의 안산은 단지 지명일 뿐이 아니라,

우리들이 아직 삶의 곤경에서 벗어나지 못하고 있는 것을 상징하는 시어로 자리를 잡고 있어 보인다. "한참을 달려 왔는데도 말이지"라는 마지막 행의 여운이 그러한 의미를 부여할 수 있는 역할을 하고 있다.

마지막 행은 있는 느낌 그대로를 사실적으로 표현한 것이기도 하지만, 독립된 한 행으로 시의 결말을 처리하고 있는 것은 시인의 의도된 계산으로 파악할 수 있다. 때로는 마지막 행의 유의한 처리가 위에 있었던 모든 행들을 긴장시켜 주거나 회오에 빠지게 하는 진술의 기법이란 여느 작품에서도 항상 제고되어야 할 사안이기도 하였다.

신일 전파사 입체 간판과 마주하였다

드립 커피가 맑게 채워진 잔과 밖의
그런 풍경들이 낯설게 어울리는
송천동 골목길에서 옛 이름을 떠올렸다

골목 모퉁이 사라진 인숙이가 그랬듯이
감 가지 꺾어 치맛자락 휘날린 영자가 그랬듯이
소녀의 이름들이 있을 것만 같은

선명한 문패 이름 깊숙이 잊힌
그 옛날 해맑은 웃음꽃 필 것 같은 골목에서
거기 있을 것만 같은 이름들이

걷는 동안

다방과 여인숙이 오래도록 이쁘장한 모습으로 다가오고
옆으로는 죽순 올라오듯 아파트도 키를 재며 따라오곤 한
풍경들과 마주하였다

송천동 하늘은 늘 그랬으면 하고 구름 한 모금도 불어보았다

-「거기 있을 것만 같은」 전문

누구에게나 지나온 시간이 있으며 그 시간 속에는 잃어버린 시간들이 산재되어 있다. 우리들은 그것을 과거라고 부른다. 지나가버린 것이기 때문에 당연히 잊혀져 가는 게 맞지만, 문제는 그 자리에서 그리움이 자라난다는 점이다 쉽게 잊히지 않는 그리움이 없는 이가 세상에 단 한 사람이라도 있을 수 있을까.

모처럼 화자는 편안하게 카페에 앉아 밖의 풍경을 바라보고 있다. 송천동 골목길은 화자가 존재하는 현재적인 공간인지 추억 속의 공간인지 잘 구분되고 있지는 않아 보인다. 아무튼 그는 현재 송천동 골목길을 떠올리며 추억 속의 이름들을 따라가고 있다. 그 이름들은 유년을 같이 보냈던 고향친구들의 이름이기도 하다. 이름들과 함께 떠오르는 것이 자연스럽게 찾아드는 고향에 대한 기억이었을 것이다. 고향은 그렇게 떠올리는 것만으로도 마음을 아련하게 만든다. 그 아련한 마음 때문인지 모르지만 그 옛날의 풍경 속에 있던 "다방"도 "여인숙도 오래도록 이쁘장한 모습으로 다가온"다. 그렇구나. "옆으로는 죽순 올

라오듯 아파트도 키를 재며 따라오는" 데가 송촌동이라는 곳으로 비쳐 들었던 셈이다. 실제로 다방과 여인숙을 간직한 송촌동의 이미지는 아직도 근대적 풍경을 면면히 이어왔던 곳으로 차용되기에 적합하였다. 그러한 골목에서 화자는 "송천동은 늘 그랬으면" 하는 염원을 띄운다. 이는 그리운 이름들과 함께 했던 시간에 대한 그리움의 또 다른 표현이기도 하였다. 그리운 것들이 살아있는 자리가 변하지 않았으면 하는 마음을 이 시 작품은 독자들에게로 전달되고 있는 중이다.

몇 가지로 나누어 보기도 했던 정태중 시인의 시적 태도는 다양한 것 같지만 사실 하나의 큰 줄기를 지니고 있다.

가장 기본적인 태도를 꼽으라면 그것은 삶에 대한 연민의 마음가짐으로 여겨진다. 상대적인 대상이 주변부이거나 소외된 자들이거나 소시민일 경우에는 그 태도가 더욱 그래 보이기 시작한다. 그 다음으로는 자연을 바라보는 방식이다. 자연관 역시 순응과 조화의 양상을 드러내고 있다. 결국 정태중 시인의 이와 같은 정서는 앞에서 말한 바와 같이 전통 서정시에서 흔히 드러나는 감성의 바탕을 내보이며 있다. 자연과 자아와 타자와 자아가 갈등과 대립하지 않는 세계를 취하고 있는 일반적인 태도이다. 기본적으로 따뜻하고 섬세한 시선을 지니고 있는 정태중의 시가 보다 더 많은 사유의 충돌을 통하여 안으로는 깊어져 가고 밖으로는 더더욱 넓어져 가기를 바라는 마음을 전하고 싶다.